42
Lb 547.

FAITS

RELATIFS

A LA SCISSION

DES ÉLECTEURS

DU DEPARTEMENT

DE L'ALLIER.

IMPRIMÉ à MOULINS.

AN VI de la République.

FAITS RELATIFS A LA SCISSION DES ÉLECTEURS DU DÉPARTEMENT DE L'ALLIER.

De toutes les scissions qui se sont formées dans les corps électoraux de la République, il n'en est peut-être pas une plus légitime, plus légale, plus nécessaire, et qui ait produit de meilleurs résultats, que celle du département de l'Allier; des faits appuyés de pièces, vous le prouveront.

Quelques tems avant les assemblées primaires, tout a été mis en œuvre pour préparer les élections en faveur des hommes les plus exécrables du département; des banquets civiques ont eu lieu, à la suite desquels l'on a échauffé les esprits, flagorné le peuple, rallumé les haines. Un administrateur du département, ex-prêtre, qui vient d'être nommé député aux cinq-cents, par le parti non-scissionnaire, se chargea de prononcer un discours à un de ces banquets qui eut lieu à Moulins, le 30 pluviôse, dans lequel l'on trouve des passages dignes d'un agent de Robespierre.

Après avoir porté un toaste ainsi conçu : *Aux braves sans-culottes qui embellissent notre banquet par leurs* GRACES *, leur décence et leurs vertus*; l'on jure de se réunir le 19 germinal, veille des élections, toutes affaires cessantes, avec le plus grand nombre possible de ses amis, pour, dit le procès-verbal rédigé par l'administration centrale, *imprimer aux royalistes le caractère de leur impuissance, et aux patriotes celui de leur force;* l'on doit pressentir l'objet d'une telle réunion.

Pour intimider les hommes foibles, les dénonnonciations les plus absurdes ont été multipliées; des hommes courageux ont été destitués; un journal anarchique, rédigé par des administrateurs, a tout fait pour jetter la terreur dans l'ame des citoyens paisibles des campagnes.

Peu de jours avant le premier germinal, l'on a arrêté, dans le cercle dirigé et dominé par les administrateurs municipaux et du département, les nominations à faire; bientôt a paru une affiche qui a été imprimée avec profusion ; elle indiquoit toutes les nominations, même celles des bureaux des assemblées primaires ; en effet tous ceux indiqués ont été choisis, au moyen de l'expulsion de ceux qui n'étoient pas de la secte infernale des exclusifs.

La malheureuse ville de Moulins, le lieu central des conjurés contre la souveraineté du peuple, a été le théâtre des scènes les plus révoltantes à l'époque des assemblées primaires.

Dans une d'elle, vingt-un citoyens sont omis sur la liste des votans, et cette omission tomboit précisément sur des hommes que l'on savoit bien ne pas devoir voter dans le sens des conjurés ; cette omission donne lieu à des réclamations ; l'on délibère, et après une discussion qui a établi que ces citoyens avoient les qualités requises par la constitution, pour exercer leur droit, ils ont été admis à voter.

Le lendemain, les anarchistes pour qui tous moyens sont bons, pourvu qu'il leur procure la domination, font jouer tous leurs ressorts ; dès l'ouverture de la séance, ils cherchent à échauffer les esprits, les injures commencent, l'on en vient aux menaces, et sur-tout vis-à-vis des 21 citoyens dont je viens de parler. Plusieurs sont provoqués au combat, enfin ils disent hautement, qu'il faut les renvoyer ; les bons citoyens restent calmes, ils attendent que l'on délibère ; les factieux n'en vouloient pas venir là, car la grande majorité auroit confirmé l'arrêté de la veille; ils cherchent à gagner du tems.

Les membres composant le bureau, se consultent entr'eux, ils sortent tour-à-tour, et sur les deux heures arrive vingt hommes de la force armée pour être à la disposition de l'assemblée qui ne les avoit pas requis; au même instant l'on fait adroitement courir le bruit qu'il y a eu des cartouches de distribuées; dès-lors l'épouvante s'empare des hommes paisibles, ils fuyent, les anarchistes restent, et aussi-tôt ils prennent une délibération par laquelle ils expulsent ces 21 citoyens admis la veille; ce fait est attesté par près de 200 citoyens dans deux dénonciations qu'ils ont signée, l'une adressée au Directoire, et l'autre au corps législatif.

Dans la section de la Liberté, même commune, lors de l'appel nominal, tous ceux que l'on savoit n'être pas dans le sens des royalistes à bonnets rouges, ont été également expulsés; le citoyen *Archambeaud* est appellé, à peine a-t-il fait son scrutin qu'il est averti de se retirer; il demande pour quoi l'on veut le priver du droit de voter; il est aussi-tôt saisi, maltraité par un nommé *Godin*, coutelier, et une douzaine d'autres membres du cercle qui le mettent à la porte.

Immédiatement après, le citoyen *Bourrat* éprouve le même sort; il est traîné par les cheveux et mis en sang; ceux qui se présentent ensuite, on leur déclare hautement *qu'ils ne plaisent pas à la compagnie ;* dans le nombre des exclus, on compte les citoyens *Michel*, juge ; *Dufresne*, ancien directeur des étapes ; *Lacour*, boulanger; *Laurent*, vitrier ; *Brunet*, marchand ; *Tassin*, instituteur ; *Moitié*, propriétaire ; *Rembourg*, directeur de la manufacture d'armes ; *Cluzel*, huissier ; *Lamotte*, cordonnier ; *Saulnier*, idem ; *Mandet*, perruquier ; *Couchard*, receveur de l'enregistrement; *Pinaud*, tisserand ; *Marinier*, etc.

D'après de telles expulsions opérées, non par la justice et la loi, mais par la violence, une foule de citoyens paisibles ont été forcés de se retirer, plutôt que d'en venir à des extrémités qui ne convenoient qu'à des hommes tels que ceux qui sont restés maîtres des élections.

Sans doute qu'il est difficile de concevoir comment la grande majorité des citoyens de Moulins a pu se laisser comprimer par cette impudente minorité ; mais rien n'étonnera, quand on voudra remarquer que ce sont les sbires de Robespierre, qui dès le matin s'étoient emparés des bureaux pour maîtriser l'assemblée. Ayant couvert ce malheureux pays de proscriptions et de sang, est-il étonnant que leur résurrection politique ait jetté l'épouvante, même parmi les citoyens les plus courageux

De toutes ces manœuvres des agens de l'Angleterre, il en est résulté les nominations d'électeurs qu'il est important de faire connoître.

Verd, le plus impudent de tous les coquins de la République, administrateur du département, contre le vœu du Directoire, qui ne l'a pas nommé, et les administrés dont il est l'assassin, ex-procureur-général de la commission temporaire de Lyon.

Bohat, ex-membre du comité révolutionnaire de Gannat.

Delan, du comité révolutionnaire de Moulins, et de la commission temporaire de Lyon.

Laporte, du comité révolutionnaire de Moulins.

Perrotin, ex-vice-président de la commission de Lyon, nommé par l'assemblée non-scissionnaire, président du tribunal criminel.

Rolland, ex-membre du comité révolutionnaire, rédacteur de cette lettre atroce du comité, qui a fait périr 32 pères de famille du département.

Vidalin, fils, du même comité.

Thieriot, ex-prêtre, idem.

A Gannat, les mêmes manœuvres ont été employées pour éloigner les bons et paisibles citoyens; les membres du cercle se sont exclusivement emparés des élections ; car dans une assemblée primaire qui se compose d'environ huit cents citoyens, les cent quinze individus qui composent cette société, ont fait seuls les nominations ; et ces hommes qui se disent exclusivement patriotes, ont admis à voter parmi eux un noble, le comte *de la Porte*, qui a été de plus nommé assesseur, par la raison qu'il est du parti.

A Cusset, deux cents citoyens ont été forcés, par la violence et les menaces de se retirer ; ils ont tous protesté, par un acte passé par-devant notaire, le germinal dernier, qui contient les motifs de leur retraite.

A Izeure, les nominations se sont faites la nuit, attendu que pendant le jour les anarchistes ne se voyoient pas en force, et ce qu'il y a de remarquable à l'égard de cette assemblée, c'est que d'après la liste des votans, formée par le bureau, montant à 215, trente-six avoient été portés sur les derniers rôles, mis en recouvrement, mais ils ont été déchargés de leurs impositions antérieurement à la tenue des assemblées primaires, sur des pétitions qu'ils ont présentées ; cinquante autres ne sont portés sur aucun rôle de contribution directe en recouvrement ; un fait partie de la réquisition, et un autre est en état de faillitte ; *Bardinat* nommé électeur par les factieux, n'est pas porté sur les rôles des contributions foncières, mais seulement personnelles, pour une somme de *cinq francs*.

Tels sont les faits relatifs à ce canton, et attestés tels qu'ils sont ci-dessus décrits par deux certificats délivrés par la municipalité d'Izeure, du 26 germinal dernier, qui sont entre les mains de la députation de l'Allier.

A *Montluçon*, Bessey, Busset et Saint-Hilaire, les partisans de l'anarchie ne se voyant pas en force pour employer les grands moyens comme à Moulins, Gannat et Cusset; ils ont fait scission, c'est-à-dire que n'étant qu'en petite minorité, ils se sont retirés et ont nommé leurs électeurs agréables au parti démagogique, qu'ils savoient bien devoir tout employer pour les faire préférer à ceux nommés par la grande majorité des citoyens.

A Biozat, l'on a nommé pour électeur, Mathieu *Laplanche*, qui, d'après l'extrait de la matrice du rôle dont la députation a une copie en forme, ne paye de contribution pour lui et son frère Gilbert, que pour un revenu de 76, 3, 9.

A Varennes, la force armée a dissout l'assemblée primaire, sans avoir été appelée par le président.

Il faut remarquer ici, qu'un arrêté du Directoire avoit défendu le banquet civique qui devoit avoir lieu le 19 germinal entre tous ces hommes de 93; mais qu'a t-on fait pour éluder ces dispositions? l'on a indiqué, par la voix du journal du département, un lieu où l'on invite les électeurs du parti à se trouver au banquet permanent, qui aura lieu pendant la tenue de l'assemblée électorale.

Un autre arrêté a ordonné la fermeture du cercle; le lieu des séances a bien été fermé, mais ils ont encore éludé ces dispositions; car ces hommes qui ne vouloient pas laisser échapper l'occasion d'usurper la souveraineté du peuple, se réunirent dans un autre lieu, au ci-devant couvent des Augustins, où l'on eu soin de conduire un grand nombre d'électeurs; ces réunions ont eu lieu tous les soirs, et se prolongeoient très-avant dans la nuit; c'étoit dans ce lieu où se réunissoient les principaux chefs du parti dominateur pour y concerter leurs nominations.

Malgré les effets de la malveillance, les amis de l'ordre commençoient à concevoir l'espérance de la tranquillité; car la première séance de l'assemblée électorale s'étoit passée avec assez de calme; ce qui ranimoit l'espoir des bons citoyens, des vrais amis de la constitution de l'an III, c'étoit de voir l'estimable *Beauchamp*, ex-conventionnel, l'un de ces fondateurs de la République, porté au fauteuil de la présidence; ce triomphe étoit d'un heureux présage.

Mais l'arrivée de deux commissaires de Paris, qui avoient été envoyés par le parti qui vouloit s'emparer des nominations, l'appareil qu'ils mirent à faire afficher deux arrêtés du Directoire, au fond insignifians pour eux, mais qui jettèrent de l'incertitude dans l'ame des hommes foibles, servirent de prétexte aux chefs pour relever le courage de leurs subalternes déjà abattus par les mesures énergiques et sages du Directoire. *Laporte*, l'un des plus audacieux, se charge de commencer le trouble à l'occasion d'une discussion ; il se lève avec cette fureur que l'on connoît aux ultra-révolutionnaires : Il désigne la majorité de l'assemblée sous le titre d'un composé de *factieux* ; aussi-tôt une rixe violente agite l'assemblée : c'étoit le vœu des hommes qui, comme lui, vouloient le trouble ; les partisans de l'anarchie sans doute prévenus de l'attaque qui devoit avoir lieu, forment des groupes aux environs du lieu des séances, l'on y voyoit figurer les hommes et femmes qui, sous le règne de la terreur, voyoient couler avec plaisir le sang de leurs concitoyens, et qui au besoin l'auroient fait couler eux-mêmes.

Dès cet instant, il n'a plus été possible de rétablir l'ordre ; le président a mis tout en usage, pour calmer ces hommes passionnés et turbulens ; tous ces efforts ont été inutiles, l'on vouloit lasser les citoyens.

Au dehors de l'assemblée, ceux qui composoient les groupes que l'on avoit eu soin de former, secondoient les mouvemens de l'intérieur, et insultoient tous ceux des électeurs entrans ou sortans, qui leur paroissent opposés à leur parti.

Le président, témoin des manœuvres de la malveillance, instruit des injures prodiguées aux électeurs, et voyant que leur sûreté étoit compromise, que la sûreté et la tranquillité publique étoient menacées, se rendit à l'administration municipale pour réclamer la protection due aux membres de l'assemblée et à leur indépendance constitutionnelle ; dans la conférence qui eut lieu à ce sujet, le citoyen *Laporte* dont il a déjà été question, électeur et commissaire près la municipalité, dit au citoyen Beauchamp : *Nous sommes sûrs d'avoir les scrutateurs, ils sortiront ce matin à cent seize voix ; au surplus, si nous ne réussissons pas, nous sommes décidés à employer la force pour chasser les coquins ;* ce fait est attesté par le président lui-même, et consigné au procès-verbal de l'assemblée scissionnaire.

Lors de la vérification des pouvoirs, les agitateurs avoient tellement lassé et effrayé une partie des électeurs, que plusieurs n'ont osé reparoître ; de sorte que pour cette opération, ils s'étoient formé une majorité momentannée, et dès-lors ils ont admis tous ceux nommés par des assemblées primaires scissionnaires, en très-petite minorité, par cela seul qu'ils étoient du parti, et l'on a rejetté ceux nommés par la majorité des assemblées restés dans le local ordinaire ; et comme parmi ces électeurs nommés par les scissionnaires, il y en avoit qui n'avoient pas les conditions requises par la constitution ; pour éviter toute discussion à cet égard, ils avoient d'abord fait arrêter que les individus ne seroient pas nommés, que les commissaires pour la vérification des pouvoirs rendroient seulement compte des procès-verbaux, de sorte qu'ils ont réduit l'assemblée à juger sans connoissance de cause.

Examinons maintenant, de quel côté se trouve *la majorité légale* des électeurs.

Deux-cent vingt-six ont voté dans l'assemblée générale.

Cent quatre ont formé la scission.

Il en seroit donc resté 122 aux Carmes? si d'ailleurs il n'étoit pas constant qu'après la scission il y en a eu plusieurs qui n'ont voté dans l'une, ni dans l'autre assemblée.

Dans ce nombre, sont compris les électeurs des assemblées scissionnaires en minorité.

SAVOIR:

Canton de *Bessay*, *Merier*, *Chalton* et *Butin*. (Il ne devoit y en avoir que deux, attendu qu'il n'y avoit pas 400 citoyens ayant droit de voter.)

Canton de Bussay ; *Desboudard*, *Rabourg*, *Berucat* et *Charasse*.

Canton de Saint-Hilaire : *Bergerolle* et *Giraud*. Canton de Montluçon : *Thevenet*, *Petitjean*, *Badouillet*, *Aupetit*.

Il est, sans aucun doute, que ces treize électeurs devoient être exclus.

Laplanche doit l'être également, puisqu'il ne paye pas la contribution exigée par la constitution.

Petit, tanneur, du canton d'Arpheuille, doit être également exclus, puisqu'il est de la réquisition; le fait est constant.

Les trois électeurs d'Izeure, doivent également l'être, puisque, dans leur assemblée tenue la nuit, ont voté près de quatre-vingt personnes qui ne payent aucune espèce de contribution ; *Bardinat*, l'un des trois électeurs, ne paye que cinq francs.

Il en est de même des quatre de Gannat, puisqu'il est constant que dans l'assemblée primaire, a voté un ci-devant noble.

Il en est ainsi des quatre de Néris, attendu qu'il est avéré que Duperoux d'Égoutières, ex-noble, a voté dans cette assemblée, et encore faut-il diminuer ceux qui n'ont voté dans aucune des assemblées.

(1) *Camus*, du canton de Varennes, ne paye pas les contributions suffisantes pour être éligible.

---

(1) Les dominateurs de l'assemblée électorale avoient fait exclure les électeurs de l'assemblée mère de Bussy, par cela seul qu'un ci-devant noble y avoit voté, et ils ont admis les 8 de Gannat et Neris, quoiqu'il fut constaté et articulé que des ci-devant nobles avoient voté dans les assemblées primaires.

Aux treize ci-dessus, ajoutant les 14 que nous venons de citer, il ne restera plus aux Carmes que 95 électeurs, encore, dans ce nombre, y comprenons-nous ceux de Moulins dont la nomination est le résultat de l'intrigue ; la violence et les mauvais traitemens que l'on a fait éprouver aux bons citoyens, qui, d'abord en majorité, ont été obligés de se retirer pour éviter l'éfusion du sang.

Tout résumé, et si l'on veut juger sans partialité, l'on verra que l'assemblée des Carmes n'étoit et ne doit être considérée que comme composée d'environ quatre-vingt électeurs légitimes au plus, dont plusieurs ne sont restés que par la crainte qu'on leur a inspirée.

L'assemblée scissionnaire se trouve donc en grande majorité, et on ne l'accusera pas sans doute de partialité dans la vérification des pouvoirs de ces membres ; car, à peine organisée, elle exclud' de son sein quatre électeurs, deux parce qu'ils avoient été nommés par une assemblée dans laquelle un ci-devant noble avoit voté, et les deux autres, parce que les procès-verbaux n'étoient pas en règle. Celle des Carmes n'a pas été aussi scrupuleuse.

Ensuite, examinons les résultats de ces deux assemblées ; celle des Carmes a nommé aux Anciens, Martel, ex-conventionnel, l'ami et le protecteur des hommes qui ont fait le malheur du département de l'Allier.

Aux cinq-cents, Mandon, ex-prêtre, homme caressant tous les partis, qui s'est adjoint pour collègue, depuis le 18 fructidor, les nommés *Verd* et *Givois*, les deux bourreaux de leurs concitoyens, le premier sur-tout qui fut procureur-général de la commission temporaire de Lyon. Pour président du tribunal criminel, un nommé Perrotin, ancien trésorier de France, et vice-président de cette même commission de Lyon, qui pendant qu'il étoit en fonction, écrivoit au comité révolutionnaire de Moulins, une lettre en date du 9 frimaire, dans laquelle l'on trouve cette phrase.

» L'opération que la nouvelle commission va
» faire, doit se considérer comme l'organisation
» de la SEPTEMBRISADE; ce sera le même procédé,
» mais légalisé par l'arrêté ci-joint; on laissera les
» moins coupables pour *amuser* les tribunaux ré-
» volutionnaires. »

L'on dira sans doute que ce même homme a été porté à cette place par le Directoire, après le 18 fructidor; mais il ne le connoissoit pas, il ne la choisi que sur l'indication qui lui en a été faite, et le représentant Martel conviendra sans doute qu'il n'a pas peu contribué à cette nomination.

Verd et *Givois*, dira t-on, n'ont pas été nommés; à cet égard nous remarquerons qu'ils ne l'ont pas été non plus après le 18; car, le Directoire les repoussa avec indignation, mais les hommes que l'on avoit nommés étoient leurs amis ; Verd fut aussi-tôt nommé secrétaire, et peu de tems après deux places vinrent à vaquer dans l'administration. Les trois qui restèrent, s'adjoignirent ces deux hommes : d'abord repoussés par le gouvernement, et couverts de l'exécration publique, une partie des hommes qui les ont appellé, sont nommés administrateurs par l'assemblée des Carmes. Dans la circonstance actuelle, le projet, en ne les nommant pas, a été de prévenir l'indignation publique contre les choix de cette assemblée ; mais si ces opérations étoient confirmées, il y a deux individus que l'on a choisis, qui ne sont là que provisoirement pour donner leur démission, et faire place à ces deux hommes qui veulent à tout prix, administrer leurs victimes ; c'est une de ces tactiques auxquelles l'on est malheureusement accoutumé.

Quant à l'assemblée scissionnaire, elle s'est montrée bien loyalement désintéressée, car elle n'a choisi dans son sein que le haut juré et le 5e. suppléant du tribunal civil.

Elle a nommé aux Anciens le ministre de la justice : il n'a pas les qualités exigées par la constitution, mais un tel choix honore le département.

Aux cinq-cents, le C. Collin, propriétaire dans le département, qui, depuis 89, n'a cessé de servir la chose publique, porté par le peuple et le gouvernement à des fonctions importantes, il s'en est toujours acquitté avec honneur, probité, exactitude, courage et impartialité ; soit comme administrateur du département de Paris, commissaire dans la Belgique, chef au comité de Salut Public, commissaire du Directoire près une municipalité de Paris, et actuellement liquidateur adjoint des dépenses de la guerre. Aux époques les plus majeures de la révolution, on l'a vu, combattant avec courage le royalisme comme l'anarchie. Au 31 mai, il défendoit la représentation nationale comme en prairial et vendémiaire ; toujours on l'a vu dans les premiers rangs des républicains.

Pour administrateurs du département, juge et accusateur public près le tribunal criminel, il n'y a pas un seul homme dont le républicanisme soit équivoque ; dans le nombre de ces hommes estimables, l'on y voit avec plaisir un de ces fondateurs de la République, l'ex-conventionnel Giraud.

Et quand l'on considère ensuite la composition de l'assemblée scissionnaire, on y trouve 46 fonctionnaires publics, acquéreurs de biens nationaux, tous propriétaires, deux ex-conventionnels, les citoyens *Beauchamp*, qui en étoit le président, et *Chabot*, hommes également estimables, courageux et patriotes sans tache, l'un et l'autre commissaires près les tribunaux, investis, à juste titre, de la confiance du directoire ; ces deux républicains sont sortis de la convention aussi purs qu'ils y sont entrés ; et l'on peut assurer qu'ils méritent et réunissent l'estime et l'amitié de tous leurs collègues ; le brave Beauchamp, on l'a vu plus d'une fois en mission près nos armées, se mettre à leur tête, et combattre, avec elles, les ennemis de la République.

Voilà, citoyens législateurs, les hommes qui ont cru devoir séparer la cause des véritables républicains, de ceux qui ont ensanglanté la révolution, qui ont voulu s'emparer des élections, par la ruse et la violence, de ces hommes qui ne veulent que troubles, persécutions et malheurs, qui veulent augmenter les ennemis de la République, et qui, sous le masque populaire, cachent la hydeuse figure de la royauté, pour ensuite la faire paroître à la première occasion qu'ils croiront favorable.

Jugez maintenant, et de la régularité des élections de ce département, et de leur résultat.

Signé ANTOINE, *du département de l'Allier.*

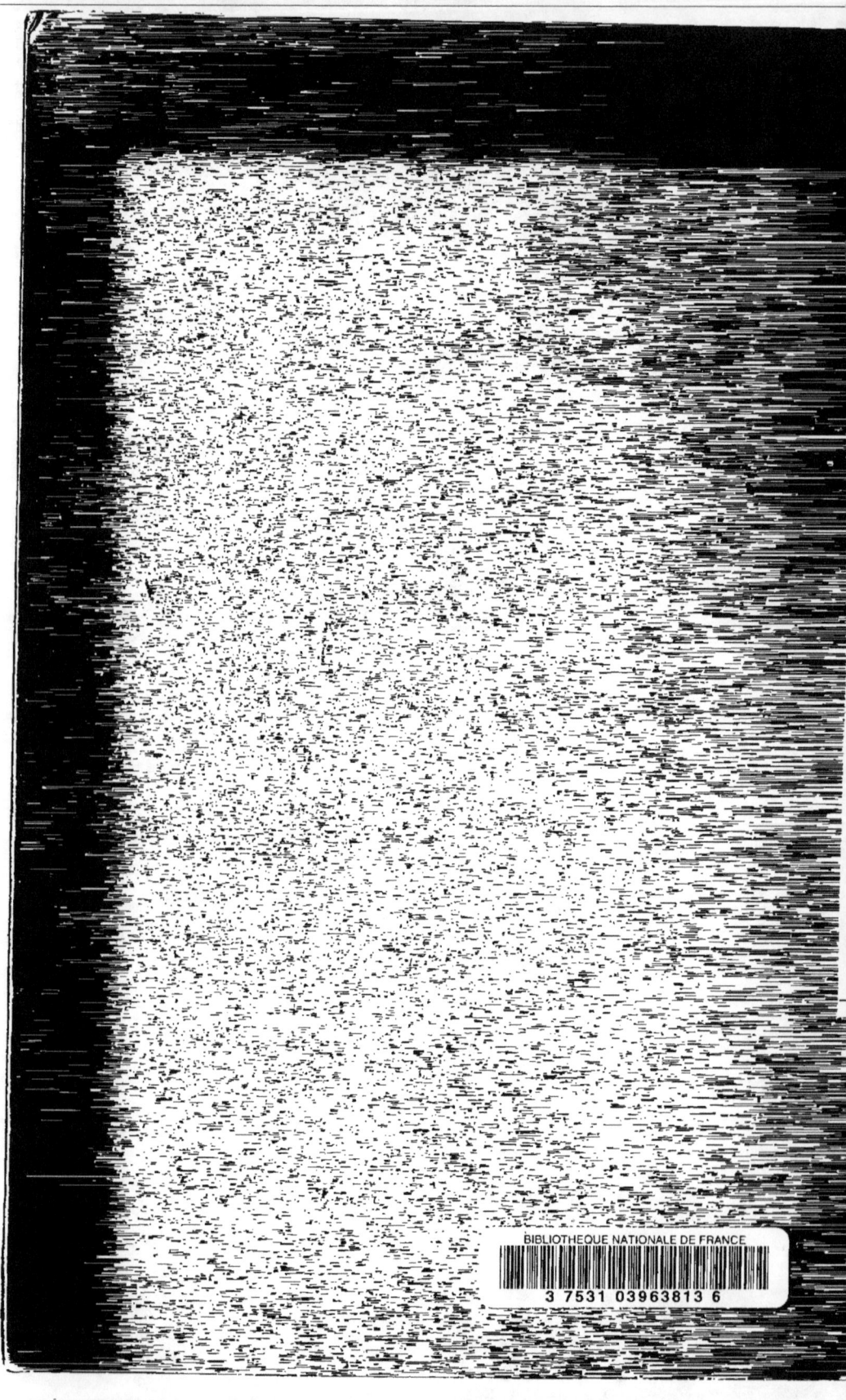

www.ingramcontent.com/pod-product-compliance
Lightning Source LLC
Chambersburg PA
CBHW060625050426
42451CB00012B/2435